monsa
publications

© 2020 Instituto Monsa de ediciones.
Gravina 43 (08930) Sant Adrià de Besós.
Barcelona (Spain)
T: +34 93 381 00 50
www.monsa.com monsa@monsa.com
ISBN 978-84-17557-13-3 [ES]

Editorial project:
2019 © **booq** publishing, S.L.
c/ Domènech, 7-9, 2º 1ª
08012 Barcelona, Spain
T: +34 93 268 80 88
www.booqpublishing.com
ISBN 978-84-9936-909-9 [EN]
ISBN 978-84-9936-904-4 [DE]

© Editions du Layeur
Dépôt Légal : 2019
ISBN : 978-2-915126-63-1

Editorial coordinator:
Claudia Martínez Alonso

Art director:
Mireia Casanovas Soley

Texts:
Francesc Zamora Mola

Translations:
booq Publishing
[DE] [FR] [ES]

Printing in Spain

Introduction

Light affects the way we interact with our surroundings. When it comes to interior spaces, natural lighting can transform uninspiring environments into uplifting and energy-boosting places. Natural light is an intangible design element in architecture that contributes to the creation of spaces as we perceive them and helps us navigate through them. Natural light is also an energy source that promotes growth and activity. It is such an integral part of our lives that our wellbeing is, to a great extent, conditioned by its day and night cycles and seasonal rhythms. When it comes to designing interior spaces, sun exposure, orientation, and sunlight protection strategies are generally implemented as critical design principles. These principles have evolved to create spaces that are rich in detail while fulfilling the functional requirements of indoor illumination as well as sunlight protection.

Natural light can enhance the architectural design of buildings. Spaces illuminated by natural light generally appear more welcoming, comfortable, and even more spacious when natural light is combined with light colors. Scientific studies show that naturally lit spaces have health benefits, improving people's overall physical and mental health, and promoting productivity and creativity.

LED technology is providing us with artificial lighting that continuously evolves to mimic the qualities of natural light. Cutting-edge LED lighting offers self-adjusting color and intensity levels throughout the day, similar to those of sunlight. It appears that lighting technology continuously evolves in a way that will further enhance our lives, but at the same time favors a sedentary lifestyle. Natural lighting is a way to keep humankind connected to the natural world, which is particularly critical for a healthy urban lifestyle.

Einführung

Licht beeinflusst die Art und Weise, wie wir mit unserer Umgebung umgehen. Wenn es um Innenräume geht, kann natürliches Licht inspirationslose Umgebungen in erhebende und energiegeladene Orte verwandeln. Natürliches Licht ist ein immaterielles Gestaltungselement in der Architektur, das zur Schaffung von Räumen beiträgt, wie wir sie wahrnehmen, und uns hilft, durch sie zu navigieren. Natürliches Licht ist auch eine Energiequelle, die Wachstum und Aktivität fördert. Es ist ein so wichtiger Bestandteil unseres Lebens, dass unser Wohlbefinden in hohem Maße von seinen Tag- und Nachtzyklen und saisonalen Rhythmen beeinflusst wird. Bei der Gestaltung von Innenräumen werden Strategien zum Sonnen-, Orientierungs- und Sonnenschutz in der Regel als wichtige Gestaltungsprinzipien umgesetzt. Diese Prinzipien haben zu detailreichen Räumen geführt, die gleichzeitig die funktionalen Anforderungen an die Innenbeleuchtung und den Sonnenschutz erfüllen.

Natürliches Licht kann die architektonische Gestaltung von Gebäuden unterstützen. Von natürlichem Licht erhellte Räume wirken im Allgemeinen einladender, komfortabler und noch geräumiger, wenn das natürliche Licht mit Lichtfarben kombiniert wird. Wissenschaftliche Studien zeigen, dass natürlich beleuchtete Räume gesundheitliche Vorteile haben, die allgemeine körperliche und geistige Gesundheit der Menschen verbessern und Produktivität und Kreativität fördern.

Die LED-Technologie liefert uns künstliches Licht, das sich ständig weiterentwickelt, um die Eigenschaften des natürlichen Lichts nachzuahmen. Modernste LED-Beleuchtung bietet eine selbstregulierende Farb- und Intensitätsanpassung den ganzen Tag über, ähnlich wie bei Sonnenlicht. Es scheint, dass sich die Lichttechnik zwar kontinuierlich weiterentwickelt, um unser Leben weiter zu verbessern, aber gleichzeitig einen sitzenden Lebensstil fördert. Natürliche Beleuchtung ist ein Weg, um die Menschheit mit der natürlichen Welt in Verbindung zu bringen, was für einen gesunden urbanen Lebensstil besonders wichtig ist.

Introduction

La lumière influence la façon dont nous interagissons avec notre environnement. Lorsqu'il s'agit d'espaces intérieurs, l'éclairage naturel peut transformer des environnements peu inspirants en lieux stimulants et énergisants. La lumière naturelle est un élément de design intangible en architecture qui contribue à la création d'espaces tels que nous les percevons et nous aide à nous y déplacer. La lumière naturelle est également une source d'énergie qui favorise la croissance et l'activité. Elle fait tellement partie intégrante de notre vie que notre bien-être est, en grande partie, conditionné par ses cycles jour/nuit et ses rythmes saisonniers. Lorsqu'il s'agit de concevoir des espaces intérieurs, l'exposition au soleil, l'orientation et les stratagèmes pour se protéger de la lumière du soleil sont généralement établis en tant que principes de conception essentiels. Ces principes ont évolué pour créer des espaces riches en détails, tout en répondant aux exigences fonctionnelles de l'éclairage intérieur et de la protection solaire.

La lumière naturelle peut améliorer la conception architecturale des bâtiments. Les espaces éclairés par la lumière naturelle semblent généralement plus accueillants, confortables, et encore plus spacieux lorsque la lumière naturelle est combinée à des couleurs claires. Des études scientifiques montrent que les espaces éclairés naturellement ont des effets bénéfiques pour la santé, améliorent la santé physique et mentale des gens de manière générale et favorisent la productivité et la créativité.

La technologie LED nous fournit un éclairage artificiel qui évolue continuellement pour imiter les qualités de la lumière naturelle. L'éclairage LED dernier cri offre des niveaux de couleur et d'intensité auto-ajustables tout au long de la journée, semblables à ceux de la lumière du soleil. Il semble que la technologie de l'éclairage évolue continuellement d'une manière qui améliorera nos vies, tout en favorisant un mode de vie sédentaire. L'éclairage naturel est un moyen de maintenir l'humanité au contact avec la nature, ce qui est particulièrement important pour un mode de vie sain en ville.

Introducción

La luz afecta la forma en que interactuamos con nuestro entorno. Cuando se trata de espacios interiores, la iluminación natural puede transformar ambientes poco inspiradores en lugares que elevan y estimulan la energía. La luz natural es un elemento intangible del diseño arquitectónico que contribuye a la creación de espacios tal y como los percibimos y nos ayuda a navegar por ellos. La luz natural es también una fuente de energía que promueve el crecimiento y la actividad. Es una parte tan integral de nuestras vidas que nuestro bienestar está, en gran medida, condicionado por sus ciclos diurnos y nocturnos y sus ritmos estacionales. Cuando se trata de diseñar espacios interiores, la exposición al sol, la orientación y las estrategias de protección solar se implementan generalmente como principios de diseño esenciales. Estos principios han evolucionado para crear espacios ricos en detalles a la vez que cumplen con los requisitos funcionales de la iluminación interior y la protección solar.

La luz natural puede mejorar el diseño arquitectónico de los edificios. Los espacios iluminados por luz natural generalmente parecen más acogedores, cómodos e incluso más espaciosos cuando la luz natural se combina con colores claros. Los estudios científicos demuestran que los espacios iluminados de forma natural tienen beneficios para la salud, mejorando la salud física y mental general de las personas y fomentando la productividad y la creatividad.

La tecnología LED nos proporciona una iluminación artificial que evoluciona continuamente para imitar las cualidades de la luz natural. La iluminación LED de última generación ofrece niveles de color e intensidad autoajustables durante todo el día, similares a los de la luz solar. Parece que la tecnología de la iluminación evoluciona continuamente para mejorar aún más nuestras vidas, pero al mismo tiempo favorece un estilo de vida sedentario. La iluminación natural es una forma de mantener a la humanidad conectada con el mundo natural, lo cual es particularmente importante para un estilo de vida urbano saludable.

Natural light as an architectural feature

Natural light is an intangible design element in architecture, but its powerful influence contributes greatly to the creation of spaces as we perceive them and helps us navigate through them. Light adds clarity to building anwd space design, contributing to a better understanding of architectural forms.

Natural light can be regarded as a material in the art of building, being as much part of architecture as walls, floors, roofs, and windows are. Voids, solids, and light generate spaces. They complement each other, responding to the functional and aesthetic demands of buildings. Windows and skylights are the primary sources of natural light. They are an integral part of the physical boundaries between the exterior and the interior spaces. The placement of these openings and their sizes, on the one hand, walls, columns, and other solid elements, on the other hand, channel light through interior spaces, informing about spatial changes, materials, and colors. In the interior, keeping a layout with minimum walls, doors, and tall furniture can be critical to bring natural light to parts of a space that would otherwise be deprived from it due to physical obstructions. Also, incorporating transparent or translucent interior partitions into a design optimizes the use of natural lighting. About the importance of daylighting in the

definition of spaces, architect Louis Kahn said: "A room is not a room without natural light."

Primarily, light makes the forms of every building and space visible. Without light, we would not be able to identify forms. However, it is not light alone that allows us to perceive and understand the forms and the spaces they generate. We can identify light because there is darkness, which is produced by cast shadows. Where light can't reach, there is shadow. Light and shadow are intangible, inseparable elements, and together, they add dimensionality to space. Shadows complement the light and create areas of lighting variations that inform us about the position of forms in space and their depth. They also provide spaces with a level of clarity that enhances their physical details. Without light and shadow, we would be deprived of the sense of distance and orientation, which we need to find our way through space.

Light also enhances materials, drawing out contrasts between the different colors, textures, opacities, and transparencies. In turn, these aspects that define materials affect the light quality. Materials can lend their coloring to light, diffusing a subtly hued illumination.

Materials with matte surfaces absorb light, and those with glossy surfaces reflect it. The type of materials and the colors used can control the illumination level of a space. Reflective materials and light colors can create brightly lit, airy spaces. Cozy, intimate spaces can be achieved through dark colors and low-reflecting materials.

Natural light has a time-related character and ephemerality that enhances the spatial experience. These qualities are manifested through the movement patterns, coloring and brightness of daylighting through the day, the seasons, and the weather conditions. The bright light of a sunny day, for instance, has a different effect on buildings and spaces than that of an overcast day. It moves throughout the day, creating ever-changing light and shadow patterns upon surfaces. These factors continuously alter the atmosphere of spaces, enriching them with a layer of detail that adds to their visual appeal. The effects of this light-time-material symbiosis ultimately promote sensorial reactions. It is fair to say that aside from its functional and aesthetic purposes, natural light has a poetic component that enhances the design qualities of architecture, bringing its forms and materials to life.

Through history, architects and designers have explored the design potential of light. They have used it to great effect, providing spaces with a special character capable of influencing the perception of their occupants. The interest in further daylighting exploration may have had diminished with the widespread use of artificial lighting, but architects and designers have rediscovered the benefits of natural lighting with the increasing environmental awareness, optimizing its use as part of sustainable strategies to improve comfort and save energy. The use of a wide variety of lighting control devices such as shutters, screens, pergolas, and awnings among many others, allow architects and designers to implement and manipulate natural lighting to achieve desired lighting goals. At the same time, artificial lighting technology has evolved to the point of making available some bulbs that mimic daylight. However, It has yet to reach the qualities that make natural light so desirable and indispensable for life.

Natürliches Licht als architektonisches Merkmal

Natürliches Licht ist ein immaterielles Gestaltungselement in der Architektur, aber sein starker Einfluss trägt wesentlich zur Schaffung von Räumen bei, wie wir sie wahrnehmen, und hilft uns, durch sie zu navigieren. Licht bringt Klarheit in die Gebäude- und Raumgestaltung und trägt so zu einem besseren Verständnis der architektonischen Formen bei.

Natürliches Licht kann als ein Material in der Baukunst betrachtet werden, das genauso Teil der Architektur ist wie Wände, Böden, Dächer und Fenster. Hohlräume, Körper und Licht erzeugen Räume. Sie ergänzen sich gegenseitig und entsprechen den funktionalen und ästhetischen Anforderungen von Gebäuden. Fenster und Oberlichter sind die Hauptquellen des natürlichen Lichts. Sie sind integraler Bestandteil der physischen Grenzen zwischen dem Außen- und dem Innenbereich. Die Platzierung dieser Öffnungen und ihre Größe einerseits, Wände, Säulen und andere feste Elemente andererseits, leiten das Licht durch die Innenräume und informieren über räumliche Veränderungen, Materialien und Farben. Im Innenbereich kann es entscheidend sein, ein Layout mit minimalen Wänden, Türen und

hohen Möbeln einzuhalten, um Teile eines Raumes, die sonst aufgrund von körperlichen Behinderungen nicht zugänglich wären, mit natürlichem Licht zu beleuchten. Auch die Integration von transparenten oder lichtdurchlässigen Innentrennwänden in ein Design optimiert die Nutzung des natürlichen Lichts. Über die Bedeutung von Tageslicht bei der Definition von Räumen sagte der Architekt Louis Kahn: „Ein Raum ist kein Raum ohne natürliches Licht."

In erster Linie macht Licht die Formen jedes Gebäudes und jedes Raumes sichtbar. Ohne Licht wären wir nicht in der Lage, Formen zu identifizieren. Es ist jedoch nicht das Licht allein, das es uns erlaubt, die Formen und die Räume, die sie erzeugen, wahrzunehmen und zu verstehen. Wir können Licht identifizieren, weil es Dunkelheit gibt, die durch Schattenwurf erzeugt wird. Wo das Licht nicht hinkommen kann, gibt es Schatten. Licht und Schatten sind ungreifbare, untrennbare Elemente, und zusammen verleihen sie dem Raum Dimensionalität. Schatten ergänzen das Licht und erzeugen Bereiche mit Lichtvariationen, die uns über die Position der Formen im Raum und ihre Tiefe informieren. Sie verbessern auch die physischen Details eines Raumes durch die Klarheit, die sie in ihm erzeugen. Ohne Licht und Schatten würde uns der Sinn für Distanz und Orientierung genommen, den wir brauchen, um unseren Weg durch den Raum zu finden.

Licht verstärkt auch die Materialien, indem es Kontraste zwischen den verschiedenen Farben, Texturen, Trübungen und Transparenzen hervorhebt. Diese materialbestimmenden Aspekte wiederum beeinflussen die Lichtqualität. Materialien können dem Licht ihre Farbe verleihen und eine dezent getönte Beleuchtung verbreiten. Materialien mit matten Oberflächen absorbieren Licht, und solche mit glänzenden Oberflächen reflektieren es. Die Art der Materialien und die verwendeten Farben können das Beleuchtungsniveau eines Raumes steuern. Reflektierende Materialien und helle Farben können helle, luftige Räume schaffen – gemütliche, intime Räume können durch dunkle Farben und reflexionsarme Materialien erreicht werden.

Natürliches Licht hat einen zeitlichen Charakter und eine Flüchtigkeit, die das räumliche Erlebnis verstärkt. Diese Eigenschaften manifestieren sich in den Bewegungsmustern, der Farbgebung und der Helligkeit über den Tag, die Jahreszeiten und die Wetterbedingungen. So wirkt beispielsweise das helle Licht eines sonnigen Tages anders auf Gebäude und Räume als bei bewölktem Himmel. Es bewegt sich den ganzen Tag über und erzeugt ständig wechselnde Licht- und Schattenmuster auf Oberflächen. Diese Faktoren verändern kontinuierlich die Atmosphäre der Räume und bereichern sie mit einer Detaillierungsschicht, die ihre visuelle Attraktivität erhöht. Die Effekte dieser Lichtzeit-Material-Symbiose fördern letztlich sensorische

Reaktionen. Man kann sagen, dass das natürliche Licht neben seinen funktionalen und ästhetischen Zwecken auch eine poetische Komponente hat, die die Gestaltungsqualität der Architektur verbessert und ihre Formen und Materialien zum Leben erweckt.

Im Laufe der Geschichte haben Architekten und Designer das gestalterische Potenzial von Licht untersucht. Sie haben es mit großer Wirkung genutzt und Räume mit einem besonderen Charakter geschaffen, der die Wahrnehmung ihrer Bewohner beeinflussen kann. Das Interesse an der weiteren Erforschung der Tageslichttechnik mag mit der weit verbreiteten Verwendung von künstlicher Beleuchtung nachgelassen haben, aber Architekten und Designer haben mit dem zunehmenden Umweltbewusstsein die Vorteile der natürlichen Beleuchtung wiederentdeckt und ihre Nutzung im Rahmen nachhaltiger Strategien zur Verbesserung des Komforts und zur Energieeinsparung optimiert. Der Einsatz einer Vielzahl von Lichtsteuergeräten wie Rollläden, Schirmen, Pergolen und Markisen ermöglicht es Architekten und Planern, natürliches Licht zu realisieren und zu manipulieren, um die gewünschten Lichtziele zu erreichen. Gleichzeitig hat sich die Kunstlichttechnik so weit entwickelt, dass Glühbirnen zur Verfügung gestellt werden können, die das Tageslicht nachahmen. Es hat jedoch noch nicht die Eigenschaften erreicht, die natürliches Licht so begehrenswert und unverzichtbar für das Leben machen.

La lumière naturelle en tant qu'élément architectural

La lumière naturelle est un élément de design intangible dans l'architecture, mais son influence puissante contribue grandement à la création d'espaces tels que nous les percevons et nous aide à nous y déplacer. La lumière ajoute de la clarté à la conception des bâtiments et des espaces, contribuant ainsi à une meilleure compréhension des formes architecturales.

La lumière naturelle peut être considérée comme un matériau dans l'art de la construction, faisant autant partie de l'architecture que les murs, les sols, les toits et les fenêtres. Les formes vides, pleines et la lumière génèrent des espaces. Elles se complètent et répondent aux exigences fonctionnelles et esthétiques des bâtiments. Les fenêtres et les puits de lumière sont les sources principales de lumière naturelle. Elles font partie intégrante des limites physiques entre l'extérieur et l'intérieur. L'emplacement de ces ouvertures et leurs dimensions d'une part, et d'autre part, les murs, les colonnes et autres éléments solides, canalisent la lumière à travers les espaces intérieurs, dénotant des changements spatiaux, des matériaux et des couleurs. À l'intérieur, il peut être essentiel de conserver un aménagement avec un minimum de murs, de portes et de meubles hauts pour apporter de la lumière naturelle à des parties d'un espace qui en seraient autrement privées en raison d'obstructions physiques. De plus, l'intégration de cloisons intérieures transparentes ou translu-

cides dans une conception optimise l'utilisation de l'éclairage naturel. À propos de l'importance de l'éclairage naturel dans la définition des espaces, l'architecte Louis Kahn a déclaré : « Une pièce n'est pas une pièce sans lumière naturelle ».

En premier lieu, la lumière rend visible les formes de chaque bâtiment et de chaque espace. Sans lumière, nous ne serions pas en mesure de les identifier. Mais ce n'est pas seulement la lumière qui nous permet de percevoir et de comprendre les formes et les espaces qu'elles génèrent. Nous pouvons identifier la lumière parce qu'il y a de l'obscurité, qui est produite par des ombres portées. Là où la lumière ne peut pas aller, il y a de l'ombre. La lumière et l'ombre sont des éléments intangibles, inséparables, et ensemble, elles ajoutent de la dimensionnalité à l'espace. Les ombres complètent la lumière et créent des zones de variation lumineuse qui nous renseignent sur la position des formes dans l'espace et leur profondeur. Elles offrent également aux espaces un niveau de clarté qui rehausse leurs détails physiques. Sans lumière et sans ombre, nous serions privés de notre perception de la distance et de notre sens de l'orientation dont nous avons besoin pour trouver notre chemin dans l'espace.

La lumière met également en valeur les matériaux, faisant ressortir les contrastes entre les différentes couleurs, textures, opacités et transparences. En retour, ces aspects qui définissent les matériaux influencent la qualité de la lumière. Les matériaux peuvent prêter leur couleur à la lumière, diffusant un éclairage subtilement teinté. Les matériaux aux surfaces mates absorbent la lumière et ceux aux surfaces brillantes la reflètent. Le type de matériaux et les couleurs utilisées peuvent contrôler le niveau d'éclairage d'un espace. Les matériaux réfléchissants et les couleurs claires peuvent créer des espaces lumineux et aérés. Des espaces confortables et intimes peuvent être obtenus grâce à des couleurs sombres et des matériaux peu réfléchissants.

La lumière naturelle a un caractère temporel et éphémère qui rehausse l'expérience spatiale. Ces qualités se manifestent à travers les mouvements, les couleurs et la luminosité de la lumière au fil du jour, des saisons et des conditions météorologiques. La lumière vive d'une journée ensoleillée, par exemple, a un effet différent sur les bâtiments et les espaces que celle d'une journée nuageuse. Elle se déplace tout au long de la journée, créant des motifs d'ombre et de lumière toujours changeants sur les surfaces. Ces facteurs modifient continuellement l'atmosphère des espaces, les enrichissant d'une couche de détail qui approfondit leur attrait visuel. Les effets de cette symbiose lumière-temps-matière finissent par favoriser les réactions sensorielles. On peut dire qu'au-delà de ses fonctions

fonctionnelles et esthétiques, la lumière naturelle a une composante poétique qui met en valeur les qualités de design de l'architecture, en donnant vie à ses formes et ses matériaux.

Au fil de l'histoire, les architectes et les designers ont exploré le potentiel de la lumière en matière de design. Ils l'ont utilisée avec beaucoup d'efficacité, en donnant aux espaces un caractère particulier capable d'influencer la perception de leurs occupants. L'intérêt pour l'exploration de l'éclairage naturel a peut-être diminué avec l'utilisation généralisée de l'éclairage artificiel, mais les architectes et les concepteurs ont redécouvert les avantages de l'éclairage naturel dans le cadre d'une prise de conscience environnementale croissante, optimisant son utilisation dans le cadre de stratégies durables pour améliorer le confort et économiser l'énergie. L'utilisation d'une grande diversité d'appareils de contrôle de l'éclairage tels que des volets, des écrans, des pergolas et des auvents, entre autres, permet aux architectes et aux concepteurs de mettre en œuvre et de manipuler l'éclairage naturel pour atteindre les objectifs souhaités. En parallèle, la technologie de l'éclairage artificiel a évolué au point de rendre disponibles des ampoules qui imitent la lumière du jour. Cependant, elle n'a pas encore atteint les qualités qui rendent la lumière naturelle si désirable et indispensable à la vie.

La luz natural como elemento arquitectónico

La luz natural es un elemento intangible del diseño en la arquitectura, pero su poderosa influencia contribuye a la creación de espacios a medida, ayudándonos a navegar a través de ellos. La luz añade claridad al edificio y al diseño del espacio, contribuyendo a una mejor comprensión de las formas arquitectónicas.

La luz natural puede ser considerada como un material en el arte de la construcción, siendo tan parte de la arquitectura como lo son las paredes, los suelos, los techos y las ventanas. Los vacíos, los sólidos y la luz generan espacios. Se complementan entre sí, respondiendo a las exigencias funcionales y estéticas de los edificios. Las ventanas y los tragaluces son las principales fuentes de luz natural. Son parte integrante de los límites físicos entre los espacios exteriores e interiores. La colocación de estas aberturas y sus dimensiones, por un lado, paredes, columnas y otros elementos sólidos, por otro, canalizan la luz a través de los espacios interiores, informando sobre cambios espaciales, materiales y colores. En el interior, mantener una distribución con un mínimo de paredes, puertas y muebles altos puede ser esencial para atraer luz natural a espacios que de otra manera estarían privadas de ella debido a las obstrucciones físicas.

Además, la incorporación de tabiques interiores transparentes o translúcidos en un diseño optimiza el uso de la iluminación natural. Sobre la importancia de la iluminación natural en la definición de los espacios, el arquitecto Louis Kahn dijo: «Una habitación no es una habitación sin luz natural».

En primer lugar, la luz hace visibles las formas de cada edificio y espacio. Sin luz, no podríamos identificar formas. Sin embargo, no es solo la luz la que nos permite percibir y comprender las formas y los espacios que generan. Podemos identificar la luz porque hay oscuridad, la cual es producida por las sombras proyectadas. Donde la luz no puede llegar, hay sombra. La luz y la sombra son elementos intangibles e inseparables, y juntos añaden dimensión al espacio. Las sombras complementan la luz y crean áreas de variaciones de iluminación que nos dicen acerca de la posición de las formas en el espacio y su profundidad. También proporcionan a los espacios un nivel de claridad que mejora sus detalles físicos. Sin luz y sombra, estaríamos privados del sentido de distancia y orientación que necesitamos para encontrar nuestro camino a través del espacio.

La luz también realza los materiales, resaltando los contrastes entre los diferentes colores, texturas, opacidades y transparencias. A su

vez, estos aspectos que definen a los materiales afectan a la calidad de la luz. Los materiales pueden dar su color a la luz, difundiendo una iluminación sutilmente matizada. Los materiales con superficies mate absorben la luz y los que tienen superficies brillantes la reflejan. El tipo de materiales y los colores utilizados pueden controlar el nivel de iluminación de un espacio. Los materiales reflectantes y los colores claros pueden crear espacios luminosos y ligeros. Los espacios íntimos y acogedores se pueden lograr a través de colores oscuros y materiales poco reflectantes.

La luz natural tiene un carácter temporal y efímero que mejora la experiencia espacial. Estas cualidades se manifiestan a través de los patrones de movimiento, la coloración y el brillo de la luz durante el día, las estaciones y las condiciones climáticas. La luz brillante de un día soleado, por ejemplo, tiene un efecto diferente en los edificios y espacios que la de un día nublado. Se mueve a lo largo del día, creando patrones de luz y sombra siempre cambiantes sobre las superficies. Estos factores alteran continuamente la atmósfera de los espacios, enriqueciéndolos con una capa de detalle que se suma a su atractivo visual. Los efectos de esta simbiosis de tiempo-luz-material promueven finalmente reacciones sensoriales. Es justo decir que, además de sus fines funcionales y estéticos, la luz natural tiene un componente poético que realza las cualidades de diseño de la arquitectura, dando vida a sus formas.

A través de la historia, los arquitectos y diseñadores han explorado el potencial de diseño de la luz. Lo han utilizado con gran eficacia, dotando a los espacios de un carácter especial capaz de influir en la percepción de sus ocupantes. El interés en una mayor exploración de la luz natural puede haber disminuido con el uso generalizado de la iluminación artificial, pero los arquitectos y diseñadores han redescubierto los beneficios de la iluminación natural con la creciente conciencia ambiental, optimizando su uso como parte de estrategias sostenibles que mejoran el confort y el ahorro de energía. El uso de una amplia variedad de dispositivos de control de iluminación como persianas, pantallas, pérgolas y toldos, entre muchos otros, permiten a los arquitectos y diseñadores implementar y manipular la iluminación natural para lograr los objetivos de iluminación deseados. Al mismo tiempo, la tecnología de iluminación artificial ha evolucionado hasta el punto de poner a disposición algunas bombillas que imitan la luz natural. Sin embargo, aún no ha alcanzado las cualidades que hacen que la luz natural sea tan deseable e indispensable para la vida.

Natural light and spatial perception

The contribution of natural light in the design of interior spaces goes beyond the fulfillment of functional requirements. The effects that natural light has on spaces are capable of determining the way how we perceive spaces. Natural light is a space-defining tool that helps us navigate through space. It adds dimensionality and a layer of detail that informs about forms, spatial positions, and depth while describing colors and textures of surfaces. It also provides spaces with an expression that enhances the spatial experience, influencing the emotional predisposition with which we connect and interact with them. Our reactions to this expression leads us to associate spaces with a specific identity, which can only be determined by experiencing the space, letting the physical and aesthetic qualities arouse feelings, emotions, and behaviors. The perception of spatial qualities involves an interaction of all the senses, satisfying our need to find experiential qualities beyond functionality. It is a search for the artistic, the creative, the symbolic, and the emotional.

The changes in color and intensity revealed by natural light through a day, through the seasons, and the different climatic conditions add to

the visual appeal of built environments. The intensity varies according to the openings that allow light into interior spaces, the type of openings, their location, and their size. These factors provide spaces with distinct lighting conditions, and it is precisely these conditions that influence the way we perceive spaces. The qualities of natural lighting are as varied as they are powerful, and they all influence our mood in different ways, ranging from the energizing power of the morning radiance to the soothing comfort of the evening glow. Also, who hasn't felt moved while watching the horizon lit with the rich hues of the sunrise and sunset lights?

As a dynamic environmental phenomenon, daylighting brings the dimension of time to interior spaces, revealing the daily and seasonal patterns as well as the changes —sometimes unpredictable— that come with the weather conditions. In interior spaces, daylight can manifest itself in various ways. The movement of light and its varying intensity create a diversity of atmospheres that continuously change spatial qualities. The light from a window is different from the light from a skylight. The light from a north-facing window is different from the light from a south-facing window. Depending on the source, the lighting qualities are different. They range from direct, creating sharp

light-shadow contrasts, to reflected and diffused, creating soft and even lighting. The transitions from light to shade create patterns and rhythms that enhance the three-dimensional perception of spaces and provide them with lively atmospheres. They inform, as mentioned earlier, about the depth and position of forms in space, and they also reinforce the dimension of time.

Our senses are attuned to the lighting patterns and rhythms, eliciting different emotional reactions. The emotional appeal associated with the dimness of indirect lighting, for instance, provides spaces with an ethereal and spiritual appearance. This type of stimulus is able to elicit specific feelings such as cheerfulness, comfort, excitation, melancholy, mystery, productivity, relaxation, or tension. The same space can feel cold or warm, energizing or calming, welcoming or inhospitable depending on the lighting conditions. The light of a sunny spring day can create cheerful interiors, likely to promote physical activity, and social interaction. On the other hand, the light of an overcast winter day can create a sense of quiet and introspectiveness, encouraging time alone in the cozy comfort of one's home.

We perceive both the visual effects of light as much of the feeling of warmth whether real or psychological. We think of it as more natural,

because its association with the sun. Light also brings warmth into otherwise dark and cold spaces. Light makes the home welcoming, comfortable and secure. The thermal quality of natural light is another contribution to improving the habitability of spaces. This demonstrates that the perception of spaces can be altered without changing their physical and material qualities. Natural lighting can transform uninspiring environments into uplifting and energy-boosting places.

Architects and designers can manipulate a space's perceived comfort, openness, playfulness, tension by changing the light's intensity, color, and diffusion through different lighting control devices. Architects and designers use natural light to make spaces feel spacious and expansive. Well-lit spaces tend to feel more comfortable, promoting wellbeing and positive feelings. Colors look deeper, more natural, and far more pleasing to the eye when they're lit by natural light.

As valuable and necessary technological advances are, they can also have negative effects in the effort to make our lives less dependable on external factors such as natural lighting and tend to alter our innate connection with natural light and nature in general. And by doing so, our moods, our energy levels, and metabolic functions, which depend so much on the cycles of natural lighting, are altered, leading us to physical and psychological dysfunctions.

Natürliches Licht und Raumwahrnehmung

Der Beitrag des natürlichen Lichts bei der Gestaltung von Innenräumen geht über die Erfüllung funktionaler Anforderungen hinaus. Die Auswirkungen des natürlichen Lichts auf die Räume sind in der Lage, die Art und Weise zu bestimmen, wie wir Räume wahrnehmen. Natürliches Licht ist ein raumdefinierendes Werkzeug, das uns hilft, durch den Raum zu navigieren. Es fügt Dimensionalität und eine Detailschicht hinzu, die über Formen, räumliche Positionen und Tiefe informiert und Farben und Texturen von Oberflächen beschreibt. Es bietet auch Räume mit einem Ausdruck, der die räumliche Erfahrung verbessert und die emotionale Prädisposition beeinflusst, mit der wir uns verbinden und mit ihnen interagieren. Unsere Reaktionen auf diesen Ausdruck führen dazu, dass wir Räume mit einer bestimmten Identität assoziieren, die nur durch das Erleben des Raumes bestimmt werden kann, indem wir die physischen und ästhetischen Eigenschaften Gefühle, Emotionen und Verhaltensweisen wecken lassen. Die Wahrnehmung von räumlichen Qualitäten beinhaltet ein Zusammenspiel aller Sinne, das unser Bedürfnis befriedigt, Erlebnisqualitäten jenseits der Funktionalität zu finden. Es ist eine Suche nach dem Künstlerischen, dem Kreativen, dem Symbolischen und dem Emotionalen.

Die Veränderungen in Farbe und Intensität, die durch das Tageslicht, die Jahreszeiten und die unterschiedlichen klimatischen Bedingungen hervorgerufen werden, tragen zur optischen Attraktivität der gebauten Umwelt bei. Die Intensität variiert mit den Öffnungen, die Licht in die Innenräume lassen, der Art der Öffnungen, ihrer Lage und Größe. Diese Faktoren verleihen Räumen unterschiedliche Lichtverhältnisse, und diese wiederum beeinflussen die Art und Weise, wie wir Räume wahrnehmen. Die Qualitäten der natürlichen Beleuchtung sind so unterschiedlich wie kraftvoll, und sie alle beeinflussen unsere Stimmung auf unterschiedliche Weise, von der energetisierenden Kraft des Morgenlichts bis hin zur beruhigenden Gemütlichkeit des Abendglühens. Auf wen hat ein Horizont, der in den reichen Farben von Sonnenauf- oder -untergang leuchtet, keine bewegende Wirkung?

Als dynamisches Umweltphänomen bringt das Tageslicht die Dimension der Zeit in den Innenraum und offenbart die täglichen und saisonalen Muster sowie die – manchmal unvorhersehbaren – Veränderungen, die mit den Wetterbedingungen einhergehen. In Innenräumen kann sich Tageslicht auf verschiedene Weise manifestieren. Die Bewegung des Lichts und seine unterschiedliche Intensität er-

zeugen eine Vielfalt von Atmosphären, die die räumlichen Qualitäten ständig verändern. Das Licht aus einem Fenster unterscheidet sich vom Licht aus einem Oberlicht. Das Licht eines nach Norden gerichteten Fensters unterscheidet sich vom Licht eines nach Süden gerichteten Fensters. Je nach Quelle sind die Beleuchtungsqualitäten unterschiedlich. Sie reichen von direkt mit scharfen Lichtschattenkontrasten über reflektiert bis zu diffus mit weicher und gleichmäßiger Beleuchtung. Die Übergänge von Licht zu Schatten erzeugen Muster und Rhythmen, die die dreidimensionale Wahrnehmung von Räumen verbessern und ihnen eine lebendige Atmosphäre verleihen. Sie informieren, wie bereits erwähnt, über die Tiefe und Position von Formen im Raum und verstärken auch die Dimension der Zeit.

Unsere Sinne sind auf die Lichtmuster und Rhythmen abgestimmt und lösen unterschiedliche emotionale Reaktionen aus. Die emotionale Anziehungskraft, die mit der Dezenz der indirekten Beleuchtung verbunden ist, verleiht beispielsweise Räumen eine ätherische und spirituelle Ausstrahlung. Diese Art von Reiz ist in der Lage, bestimmte Gefühle und Zustände wie Heiterkeit, Behaglichkeit, Erregung, Melancholie, Mysterium, Produktivität, Entspannung oder Spannung

hervorzurufen. Je nach Lichtverhältnissen kann sich der gleiche Raum kalt oder warm anfühlen, energetisierend oder beruhigend, einladend oder unwirtlich. Das Licht eines sonnigen Frühlingstages kann fröhliche Innenräume schaffen, die wahrscheinlich körperliche Aktivität und soziale Interaktion fördern. Auf der anderen Seite kann das Licht eines bedeckten Wintertages ein Gefühl der Ruhe und Selbstbeobachtung erzeugen und die Zeit allein im gemütlichen Komfort des eigenen Hauses fördern.

Wir nehmen sowohl die visuellen Effekte des Lichts als auch das Gefühl der Wärme wahr, ob real oder psychologisch. Wir halten es für natürlicher, weil es mit der Sonne in Verbindung steht. Licht bringt auch Wärme in ansonsten dunkle und kalte Räume. Licht macht das Haus einladend, komfortabel und sicher. Die thermische Qualität des natürlichen Lichts ist ein weiterer Beitrag zur Verbesserung der Lebensqualität von Räumen. Dies zeigt, dass die Wahrnehmung von Räumen verändert werden kann, ohne ihre physischen und materiellen Eigenschaften zu verändern. Natürliche Beleuchtung kann inspirationslose Umgebungen in erhebende und energiegeladene Orte verwandeln.

Architekten und Designer können den wahrgenommenen Komfort, die Offenheit, die Verspieltheit und die Spannung eines Raumes manipulieren, indem sie die Intensität, die Farbe und die Diffusion des Lichts durch verschiedene Lichtsteuergeräte verändern. Architekten und Designer nutzen natürliches Licht, um Räume großzügig wirken zu lassen. Gut beleuchtete Räume fördern Wohlbefinden und positive Gefühle. Farben wirken tiefer, natürlicher und viel angenehmer für das Auge, wenn sie vom natürlichen Licht beleuchtet werden.

So wertvoll und notwendig der technologische Fortschritt auch ist, er kann sich negativ auf das Bemühen auswirken, unser Leben weniger abhängig von äußeren Faktoren wie der natürlichen Beleuchtung zu machen und dazu neigen, unsere angeborene Verbindung zum natürlichen Licht und zur Natur im Allgemeinen zu verändern. Dabei werden unsere Stimmungen, unser Energieniveau und unsere Stoffwechselfunktionen, die so sehr von den Zyklen des natürlichen Lichts abhängen, verändert, was zu körperlichen und psychischen Dysfunktionen führen kann.

Lumière naturelle et perception spatiale

L'apport de la lumière naturelle dans l'aménagement des espaces intérieurs va au-delà de la satisfaction des exigences fonctionnelles. Les effets de la lumière naturelle sur les espaces ont le pouvoir de déterminer la façon dont nous percevons les espaces. La lumière naturelle est un outil de définition de l'espace qui nous aide à nous déplacer dans l'espace. Il ajoute une dimensionnalité et une couche de détail qui nous renseigne sur les formes, les positions spatiales et la profondeur tout en nous permettant de décrypter les couleurs et les textures des surfaces. Il fournit également aux espaces une expression qui rehausse l'expérience spatiale, influençant la prédisposition émotionnelle à laquelle nous nous connectons et avec laquelle interagissons. Nos réactions à cette expression nous mènent à associer les espaces à une identité spécifique, qui ne peut être déterminée que par l'expérience de l'espace, permettant aux qualités physiques et esthétiques de susciter chez nous des sentiments, des émotions, des comportements. La perception des qualités spatiales implique une interaction de tous les sens, satisfaisant notre besoin de trouver des qualités expérientielles au-delà de la fonctionnalité. C'est une recherche artistique, créative, symbolique et émotionnelle.

Les changements de couleur et d'intensité révélés par la lumière naturelle au fil de la journée, des saisons et des différentes conditions climatiques intensifient l'attrait visuel des environnements bâtis. L'intensité varie en fonction des ouvertures, qui permettent à la lumière de pénétrer dans les espaces intérieurs, mais également selon

le type d'ouvertures, leur emplacement et leur taille. Ces facteurs fournissent aux espaces des conditions d'éclairage distinctes, et ce sont précisément ces conditions qui influencent la façon dont nous percevons les espaces. Les qualités de l'éclairage naturel sont aussi variées que puissantes, et elles influencent toutes notre humeur de différentes façons, allant du pouvoir énergisant de l'éclat du matin au confort apaisant de la lueur du soir. Aussi, qui n'a pas été ému en regardant l'horizon éclairé par les riches tonalités des lumières du lever et du coucher du soleil ?

Phénomène environnemental dynamique, l'éclairage naturel apporte une dimension temporelle aux espaces intérieurs, révélant des mécanismes quotidiens et saisonniers ainsi que les changements, parfois imprévisibles, qui font l'essence des conditions météorologiques. Dans les espaces intérieurs, la lumière du jour peut se manifester de différentes manières. Le mouvement de la lumière et son intensité variable créent une diversité d'atmosphères qui modifient continuellement les qualités spatiales. La lumière d'une fenêtre est différente de celle d'un puits de lumière. La lumière d'une fenêtre orientée nord est différente de celle d'une fenêtre orientée sud. Selon la source, les qualités d'éclairage sont différentes. Ils vont du direct, en créant des contrastes lumière-ombre très nets, au réfléchi et diffusé, en créant un éclairage doux et uniforme. Les transitions de la lumière à l'ombre créent des motifs et des rythmes qui renforcent la perception tridimensionnelle des espaces et leur donnent des atmosphères vivantes. Ils nous renseignent, comme nous l'avons déjà mentionné, sur la

profondeur et la position des formes dans l'espace, et ils renforcent également sa dimension temporelle.

Nos sens sont à l'affût des motifs lumineux et des rythmes, suscitant diverses réactions émotionnelles. L'attrait émotionnel associé à l'obscurité de l'éclairage indirect, par exemple, donne aux espaces une apparence éthérée et spirituelle. Ce type de stimulus a le pouvoir de susciter des sentiments spécifiques tels que la joie, le confort, l'excitation, la mélancolie, le mystère, la productivité, la relaxation ou la tension. Un même espace peut être froid ou chaud, énergisant ou apaisant, accueillant ou inhospitalier selon les conditions d'éclairage. La lumière d'une journée ensoleillée de printemps peut créer des intérieurs enjoués, susceptibles de promouvoir l'activité physique et l'interaction sociale. D'un autre côté, la lumière d'un jour d'hiver nuageux peut créer un sentiment de calme et d'introspection, invitant à passer du temps seul dans le confort douillet de sa maison.

Nous percevons à la fois les effets visuels de la lumière et la sensation de chaleur, qu'elle soit réelle ou psychologique. Nous pensons que c'est plus naturel, étant donné son lien avec le soleil. La lumière apporte également de la chaleur dans les espaces sombres et froids. La lumière rend une maison accueillante, confortable et sûre. La qualité thermique de la lumière naturelle est une autre contribution à l'amélioration de l'habitabilité des espaces. Ceci démontre que

la perception des espaces peut être modifiée sans changer leurs qualités physiques et matérielles. L'éclairage naturel peut transformer des environnements peu inspirants en lieux stimulants et énergisants.

Les architectes et les designers peuvent manipuler le confort perçu d'un espace, l'ouverture, le jeu et la tension en modifiant l'intensité, la couleur et la diffusion de la lumière par le biais de plusieurs dispositifs de contrôle d'éclairage. Les architectes et les designers utilisent la lumière naturelle pour rendre les espaces spacieux et spacieux. On se sent souvent plus à l'aise dans les espaces bien éclairés, ce qui favorise le bien-être et des sentiments positifs. Les couleurs paraissent plus profondes, plus naturelles et beaucoup plus agréables à l'œil lorsqu'elles sont éclairées par la lumière naturelle.

Aussi précieux et nécessaires que soient les progrès technologiques, ils peuvent aussi avoir des effets négatifs alors que nous nous efforçons de rendre nos vies moins dépendantes de facteurs externes comme l'éclairage naturel et de modifier notre relation innée avec la lumière naturelle et la nature en général. Ce faisant, nos humeurs, notre niveau d'énergie et nos fonctions métaboliques, qui dépendent particulièrement des cycles de la lumière naturelle, sont altérés, ce qui nous conduit à des dysfonctionnements physiques et psychologiques.

Luz natural y percepción espacial

La aportación de la luz natural en el diseño de los espacios interiores va más allá del cumplimiento de los requisitos funcionales. Los efectos que la luz natural tiene sobre los espacios son capaces de determinar la forma en que los percibimos. Añade dimensión y una capa de detalle que informa sobre las formas, las posiciones espaciales y la profundidad mientras describe los colores y las texturas de las superficies. También proporciona a los espacios una expresión que realza la experiencia espacial, influyendo en la predisposición emocional con la que nos conectamos e interactuamos con ellos. Nuestras reacciones a esta expresión nos llevan a asociar los espacios con una identidad específica, que solo puede determinarse experimentando el espacio, dejando que las cualidades físicas y estéticas despierten sentimientos, emociones y comportamientos. La percepción de las cualidades espaciales implica una interacción de todos los sentidos, satisfaciendo nuestra necesidad de encontrar cualidades experienciales más allá de la funcionalidad. Es una búsqueda de lo artístico, lo creativo, lo simbólico y lo emocional.

Los cambios de color e intensidad revelados por la luz natural a través del día, las estaciones del año y las diferentes condiciones climáticas se suman al atractivo visual de los ambientes. La intensidad varía en función de las aberturas que permiten la entrada de luz en los espacios interiores, del tipo de aberturas, de su ubicación y de su tamaño. Estos factores proporcionan a los espacios condiciones de iluminación distintas, y son precisamente estas condiciones las que influyen en la forma en que percibimos los espacios. Las cualidades de la iluminación natural son tan variadas como poderosas, y todas ellas influyen en nuestro estado de ánimo de diferentes maneras, desde el poder energizante del resplandor de la mañana hasta el confort relajante del resplandor nocturno. Además, ¿quién no se ha sentido conmovido al ver el horizonte iluminado con los ricos matices de las luces del amanecer y del atardecer?

Como fenómeno ambiental dinámico, la iluminación natural aporta la dimensión del tiempo a los espacios interiores, revelando los patrones diarios y estacionales, así como los cambios –a veces impredecibles– que se producen con las condiciones climáticas. En los espacios interiores, la luz del día puede manifestarse de varias maneras. El movimiento de la luz y su intensidad variable crean una diversidad de atmósferas que cambian continuamente las cualidades espaciales. La luz de una ventana es diferente de la luz de un tragaluz. La luz de una ventana orientada al norte es diferente de la luz de una ventana orientada al sur. Dependiendo de la fuente, las calidades de iluminación son diferentes. Van desde lo directo, creando contrastes de sombras de luz nítidos, hasta lo reflejado y lo difuso, creando una iluminación suave y uniforme. Las transiciones de la luz a la sombra crean patrones y ritmos que realzan la percepción tridimensional de los espacios y les proporcionan atmósferas vivas. Informan, como ya

se ha dicho, sobre la profundidad y la posición de las formas en el espacio y también refuerzan la dimensión del tiempo.

Nuestros sentidos están en sintonía con los patrones de iluminación y los ritmos, provocando diferentes reacciones emocionales. El atractivo emocional asociado a la oscuridad de la iluminación indirecta proporciona a los espacios una apariencia etérea y espiritual. Este tipo de estímulo es capaz de provocar sentimientos específicos como alegría, comodidad, excitación, melancolía, misterio, productividad, relajación o tensión. El mismo espacio puede percibirse frío o acogedor, energizante o calmante, amable o inhóspito dependiendo de las condiciones de iluminación. La luz de un día soleado de primavera puede crear interiores alegres, susceptibles de promover la actividad física y la interacción social. Por otro lado, la luz de un día de invierno nublado puede crear una sensación de tranquilidad e introspección, fomentando el tiempo a solas en la acogedora comodidad del hogar.

Percibimos tanto los efectos visuales de la luz como la sensación de calor, ya sea real o psicológica. Pensamos que es más natural, porque se asocia con el sol. La luz también aporta calor a espacios que de otro modo serían oscuros y fríos. La luz hace que el hogar sea acogedor, cómodo y seguro. La calidad térmica de la luz natural es otra contribución a la mejora de la habitabilidad de los espacios. Esto

demuestra que la percepción de los espacios puede ser alterada sin cambiar sus cualidades físicas y materiales. La iluminación natural puede transformar ambientes poco inspiradores en lugares que elevan y estimulan la energía.

Los arquitectos y diseñadores pueden manipular el confort percibido, la apertura, el juego y la tensión de un espacio cambiando la intensidad, el color y la difusión de la luz a través de diferentes dispositivos de control de la iluminación. Arquitectos y diseñadores utilizan la luz natural para hacer que los espacios se sientan amplios y expansivos. Los espacios bien iluminados tienden a sentirse más cómodos, promoviendo el bienestar y las sensaciones positivas. Los colores se ven más profundos, más naturales y mucho más agradables a la vista cuando están iluminados por la luz natural.

Aunque valiosos y necesarios, los avances tecnológicos también pueden tener efectos negativos en el esfuerzo por hacer nuestras vidas menos dependientes de factores externos, tendiendo a alterar nuestra conexión innata con la luz natural y la naturaleza. Al hacerlo, nuestros estados de ánimo, nuestros niveles de energía y las funciones metabólicas, que tanto dependen de los ciclos de iluminación natural, se ven alterados, lo que nos lleva a disfunciones físicas y psicológicas.

Gold
is the
new
Black

Health benefits of natural light

Numerous studies demonstrate that human physical and psychological health is directly linked to natural lighting, and the lack of it has important negative effects on our wellbeing. Natural lighting is such an integral part of our lives that our health is, to some degree, conditioned by its day and night cycles, and by its seasonal rhythms. Our energy levels, as well as our sleeping patterns, are associated with the daily lighting cycles. These cycles stimulate the production of biochemical and hormonal processes that keep us alert and focus during the day and induce us to sleep at night. Natural light is, aside from its functionality and its aesthetic appeal, an energy source that promotes growth, activity, and overall wellbeing.

Daylight contributes to people's health and wellness, promoting comfort and making spaces look and feel inviting. It is an energy booster and offers mood-lifting benefits. Generally, people feel better, happier, and energetic when regularly exposed to daylight. Exposure to the sun's light rays stimulates the brain to release serotonin, a hormone known to boost mood and help people feel calm and focus. Daylight exposure is also linked to sleep quality because it boosts the brain's production of melatonin, which is the hormone that induces sleep. Some studies suggest that people who spend time outdoors or in

day-lit spaces sleep more and better than those with limited exposure to sunlight. On the other hand, insufficient exposure to sunlight can lead to health conditions such as stress, fear, poor concentration, and depression. Maximizing our exposure to natural lightings is ideal for our wellbeing.

Unfortunately, contemporary lifestyles tend to keep a large percentage of the population confined in indoor spaces. The use of computers for both work and recreational purposes greatly increase the potential for a desk-bound life with little to no access to natural light. Some researchers have linked poor daylight exposure to low productivity and reduced creativity. In work environments with good daylighting, workers tend to be more alert and productive. In schools, students appear to be more attentive and able to retain information better. Certainly, bringing natural light into workspaces can be a design strategy with compelling economics, a win-win situation where companies benefit from their workers' highest performances while providing them with pleasant work environments.

There are other health positive effects that come with sunlight. Getting fifteen minutes of sunlight regularly can be enough to enjoy the benefits of the sun's ultraviolet-B rays. These are responsible for the production of vitamin D, which is so necessary for strengthening bones. Although the risks of excessive exposure to sunlight are well known, the right balance can contribute to the prevention of diseases, including some skin conditions and cancer. Moderation is key.

Daylighting enhances the comfort appeal of spaces, lending to biophilic design. Biophilia has to do with humans' innate connection with nature. Scientific studies show that time spent in contact with natural elements can improve wellbeing, promote creativity, reduce stress, and enhance the overall indoor experience. Incorporating natural elements such as plants, water, and sunlight into indoor spaces appear to facilitate people's adaptation to built environments while contributing to the creation of peaceful and beautiful interior spaces. In densely populated environments, this might be the closest one might be to experiencing a connection with nature. A window letting natural light into an interior space can provide the connection with nature that people instinctively seek. As simple as this idea may appear, access to natural light can make a great difference in people's moods, triggering positive sensorial reactions.

Humans are innately attracted to natural lighting as an element of nature. Natural lighting is a driver of cognitive, emotional, and behavioral responses, which help in the coping of our increasingly enclosed, sterile built environments where most people spend a large part of their time. Our increasing dependence on technology has led to the weakening of humans' connection with nature.

EPAL
EPAL
EUR
EUR
EPAL

Gesundheitliche Vorteile des natürlichen Lichts

Zahlreiche Studien belegen, dass die physische und psychische Gesundheit des Menschen in direktem Zusammenhang mit der natürlichen Beleuchtung steht und das Fehlen einer solchen erhebliche negative Auswirkungen auf unser Wohlbefinden hat. Natürliche Beleuchtung ist ein so wichtiger Bestandteil unseres Lebens, dass unsere Gesundheit bis zu einem gewissen Grad von den Tag- und Nachtzyklen sowie von den saisonalen Rhythmen bestimmt wird. Sowohl unser Energieniveau als auch unsere Schlafgewohnheiten sind mit den täglichen Lichtzyklen verbunden. Diese Zyklen stimulieren biochemische und hormonelle Prozesse, die uns tagsüber wachsam und konzentriert halten und uns nachts in den Schlaf versetzen. Natürliches Licht ist neben seiner Funktionalität und seiner Ästhetik eine Energiequelle, die Wachstum, Aktivität und Wohlbefinden fördert.

Tageslicht trägt zur Gesundheit und zum Wohlbefinden der Menschen bei, fördert den Komfort und lässt Räume einladend aussehen und sich anfühlen. Es ist ein Energiebooster und bietet stimmungsaufhellende Vorteile. Im Allgemeinen fühlen sich Menschen besser, glücklicher und energiegeladener, wenn sie regelmäßig dem Tageslicht ausgesetzt sind. Die Exposition gegenüber den Lichtstrahlen der Sonne stimuliert das Gehirn, Serotonin freizusetzen, ein Hormon, das dafür bekannt ist, die Stimmung zu verbessern und den Menschen zu

helfen, sich ruhig und konzentriert zu fühlen. Die Tageslichtexposition ist auch mit der Schlafqualität verbunden, da sie die Produktion von Melatonin im Gehirn steigert, dem Hormon, das den Schlaf fördert. Einige Studien deuten darauf hin, dass Menschen, die Zeit im Freien oder in lichtdurchfluteten Räumen verbringen, mehr und besser schlafen als Menschen mit begrenzter Sonneneinstrahlung. Andererseits kann eine unzureichende Sonneneinstrahlung zu gesundheitlichen Problemen wie Stress, Angst, Konzentrationsschwäche und Depressionen führen. Die Maximierung unserer Exposition gegenüber natürlichen Lichtverhältnissen ist ideal für unser Wohlbefinden.

Leider neigt der zeitgenössische Lebensstil dazu, einen großen Teil der Bevölkerung in Innenräumen zu halten. Die Nutzung von Computern sowohl für Arbeits- als auch für Freizeitzwecke erhöht das Potenzial für ein schreibgeschütztes Leben mit wenig bis gar keinem Zugang zu natürlichem Licht. Einige Forscher haben die schlechte Tageslichtbelastung mit geringer Produktivität und verminderter Kreativität in Verbindung gebracht. In Arbeitsumgebungen mit gutem Tageslicht sind die Mitarbeiter in der Regel wacher und produktiver. In solchen Schulen scheinen die Schüler aufmerksamer und besser

in der Lage zu sein Informationen zu speichern. Sicherlich kann die Beleuchtung von Arbeitsplätzen eine Designstrategie mit überzeugender Wirtschaftlichkeit sein, eine Win-Win-Situation, in der Unternehmen von den Höchstleistungen ihrer Mitarbeiter profitieren und ihnen gleichzeitig ein angenehmes Arbeitsumfeld bieten.

Es gibt noch andere gesundheitsfördernde Effekte, die mit dem Sonnenlicht einhergehen: Die regelmäßige „Einnahme" von fünfzehn Minuten Sonnenlicht kann ausreichen, um in den Genuss aller Vorteile der ultravioletten B-Strahlen von der Sonne zu kommen. Diese sind für die Produktion von Vitamin D verantwortlich, das für die Stärkung der Knochen so notwendig ist. Obwohl die Risiken einer übermäßigen Sonneneinstrahlung bekannt sind, kann das richtige Verhältnis zur Vorbeugung von Krankheiten, einschließlich einiger Hautkrankheiten und Krebs, beitragen. Das Maß ist entscheidend.

Tageslicht steigert den Komfort der Räume und verleiht dem biophilen Design eine besondere Note. Biophilie hat mit der angeborenen Verbindung des Menschen mit der Natur zu tun. Wissenschaftliche Studien zeigen, dass die Zeiten, in denen ein Mensch mit natürlichen Elementen in Berührung kommt, das Wohlbefinden verbessern, die

Kreativität fördern, Stress abbauen und das allgemeine Raumerlebnis verbessern können. Die Einbeziehung natürlicher Elemente wie Pflanzen, Wasser und Sonnenlicht in die Innenräume scheint die Anpassung der Menschen an die gebaute Umgebung zu erleichtern und gleichzeitig zur Schaffung friedlicher und schöner Innenräume beizutragen. In dicht besiedelten Umgebungen ist dies vielleicht diejenige, die der Erfahrung einer Verbindung mit der Natur am nächsten ist. Ein Fenster, das natürliches Licht in einen Innenraum lässt, kann die Verbindung zur Natur herstellen, die Menschen instinktiv suchen. So einfach diese Idee auch erscheinen mag, der Zugang zu natürlichem Licht kann einen großen Einfluss auf die Stimmung der Menschen haben und positive sensorische Reaktionen auslösen.

Der Mensch wird von Natur aus von der natürlichen Beleuchtung als Element der Natur angezogen. Natürliche Beleuchtung ist ein Treiber für kognitive, emotionale und verhaltensbedingte Reaktionen, die bei der Bewältigung unserer zunehmend geschlossenen, sterilen gebauten Umgebungen helfen, in denen die meisten Menschen einen großen Teil ihrer Zeit verbringen. Unsere zunehmende Abhängigkeit von der Technik hat zu einer Schwächung der Verbindung des Menschen zur Natur geführt.

Les bienfaits de la lumière naturelle pour la santé

De nombreuses études démontrent que la santé physique et psychologique de l'être humain est directement liée à la lumière naturelle et que son absence a des effets négatifs importants sur notre bien-être. La lumière naturelle fait tant partie intégrante de notre vie que notre santé est, dans une certaine mesure, conditionnée par ses cycles diurnes et nocturnes et par son rythme saisonnier. Notre niveau d'énergie ainsi que nos habitudes liées au sommeil sont associés aux cycles d'éclairage quotidiens. Ces cycles stimulent l'activation de processus biochimiques et hormonaux qui nous gardent éveillés et concentrés pendant la journée et nous incitent à dormir la nuit. La lumière naturelle est, outre sa fonctionnalité et son attrait esthétique, une source d'énergie qui favorise la croissance, l'activité et le bien-être général.

La lumière du jour contribue à la bonne santé et au bien-être des gens, favorisant le confort et rendant les espaces invitants. C'est un stimulateur d'énergie qui comprend également des bienfaits pour l'humeur. En général, les gens se sentent mieux, plus heureux et plus énergiques lorsqu'ils sont exposés régulièrement à la lumière du jour. L'exposition aux rayons lumineux du soleil incite le cerveau à libérer de la sérotonine, une hormone connue pour stimuler

l'humeur et aider les gens à être calmes et concentrés. L'exposition à la lumière du jour est également liée à la qualité du sommeil car elle stimule la production de mélatonine par le cerveau, l'hormone qui induit le sommeil. Certaines études montrent que les personnes qui passent du temps à l'extérieur ou dans des espaces éclairés par la lumière du jour dorment plus et mieux que celles qui sont peu exposées au soleil. D'autre part, une exposition insuffisante à la lumière du soleil peut entraîner des problèmes de santé tels que le stress, la peur, de mauvaises capacités de concentration et une dépression. Maximiser notre exposition à la lumière naturelle est idéal pour notre bien-être.

Malheureusement, les modes de vie contemporains confinent une grande partie de la population dans des espaces intérieurs. L'utilisation d'ordinateurs à des fins professionnelles et récréatives augmente considérablement la potentialité que l'on mène une vie de bureau avec peu ou pas d'accès à la lumière naturelle. Certains chercheurs ont établi un lien entre une faible exposition à la lumière du jour et une faible productivité et une créativité réduite. Dans les environnements de travail où l'éclairage naturel est bon, les travailleurs ont tendance à être plus alertes et productifs. Dans les écoles,

les élèves semblent plus attentifs et capables de mieux retenir les informations. Il est certain que l'apport de lumière naturelle dans les espaces de travail peut être une stratégie de conception à l'économie irrésistible, une situation gagnant-gagnant où les entreprises bénéficient des performances optimales de leurs travailleurs tout en leur offrant un environnement de travail agréable.

La lumière du soleil comporte d'autres effets positifs sur la santé. Un ensoleillement régulier de quinze minutes peut suffire pour profiter des bienfaits des rayons ultraviolets B du soleil. Ceux-ci sont responsables de la production de vitamine D, qui est absolument nécessaire au renforcement des os. Bien que les risques d'une exposition excessive au soleil soient bien connus, un bon équilibre peut contribuer à la prévention de maladies, dont certaines affections cutanées et le cancer. La modération est la clé.

L'éclairage naturel rehausse l'attrait du confort des espaces, ce qui favorise un design biophile. La biophilie est liée à la connexion innée de l'homme avec la nature. Des études scientifiques montrent que le temps passé au contact avec les éléments naturels peut améliorer le bien-être, promouvoir la créativité, réduire le stress et améliorer

l'expérience intérieure globale. L'intégration d'éléments naturels comme les plantes, l'eau et la lumière du soleil dans les espaces intérieurs semble faciliter l'adaptation des gens aux environnements bâtis, tout en contribuant à la création d'espaces intérieurs paisibles et esthétiques. Dans des environnements densément peuplés, c'est peut-être ce qui peut se rapprocher le plus d'une expérience de connexion avec la nature. Une fenêtre qui laisse entrer la lumière naturelle dans un espace intérieur peut fournir à ses occupants un lien avec la nature, ce que les gens recherchent instinctivement. Aussi simple que cela puisse paraître, l'accès à la lumière naturelle peut faire grandement différer l'humeur des gens, provoquant des réactions sensorielles positives.

L'être humain est naturellement attiré par l'éclairage naturel, en tant que c'est une composante de la nature. L'éclairage naturel est un moteur de réponses cognitives, émotionnelles et comportementales qui nous aident à faire face à nos environnements bâtis de plus en plus fermés et stériles, où la plupart des gens passent une grande partie de leur temps. Notre dépendance croissante à l'égard de la technologie a affaibli la relation de l'homme avec la nature.

Beneficios de la luz natural para la salud

Numerosos estudios demuestran que la salud física y psicológica humana está directamente relacionada con la iluminación natural, y la falta de ella tiene importantes efectos negativos en nuestro bienestar. La iluminación natural es una parte tan integral de nuestras vidas que nuestra salud está, hasta cierto punto, condicionada por sus ciclos diurnos y nocturnos, y por sus ritmos estacionales. Nuestros niveles de energía, así como nuestros patrones de sueño, están asociados con los ciclos de iluminación diarios. Estos ciclos estimulan la producción de procesos bioquímicos y hormonales que nos mantienen alerta y enfocados durante el día y nos inducen a dormir por la noche. La luz natural es, además de su funcionalidad y su atractivo estético, una fuente de energía que favorece el crecimiento, la actividad y el bienestar general.

La luz del día contribuye a la salud y el bienestar de las personas, promoviendo el confort y haciendo que los espacios se vean y se sientan atractivos. Es un estimulante de energía y ofrece beneficios que elevan el estado de ánimo. Generalmente, las personas se sienten mejor, más felices y con más energía cuando se exponen regularmente a la luz del día. La exposición a los rayos de luz del sol estimula el cerebro para que libere serotonina, una hormona conocida

por estimular el estado de ánimo y ayudar a las personas a sentirse calmadas y concentradas. La exposición a la luz del día también está relacionada con la calidad del sueño porque aumenta la producción de melatonina en el cerebro, que es la hormona que induce el sueño. Algunos estudios sugieren que las personas que pasan tiempo al aire libre o en espacios iluminados durante el día duermen más y mejor que las que tienen una exposición limitada a la luz solar. Por otro lado, la exposición insuficiente a la luz solar puede conducir a condiciones de salud como estrés, miedo, mala concentración y depresión. Maximizar nuestra exposición a la luz natural es ideal para nuestro bienestar.

Desafortunadamente, los estilos de vida contemporáneos tienden a mantener a un gran porcentaje de la población confinada en espacios interiores. El uso de ordenadores tanto para el trabajo como para fines recreativos aumenta enormemente el potencial de una vida de escritorio con poco o ningún acceso a la luz natural. Algunos investigadores han vinculado la mala exposición a la luz del día con la baja productividad y la reducción de la creatividad. En ambientes de trabajo con buena iluminación diurna, los trabajadores tienden a estar más alerta y ser más productivos. En las escuelas, los estudiantes

parecen estar más atentos y ser capaces de retener mejor la información. Ciertamente, llevar la luz natural a los espacios de trabajo puede ser una estrategia de diseño con una economía convincente, una situación en la que todas las empresas se benefician de los mejores resultados de sus trabajadores, al tiempo que les proporcionan entornos de trabajo agradables.

Hay otros efectos positivos para la salud que vienen con la luz solar. Obtener quince minutos de luz solar regularmente puede ser suficiente para disfrutar de los beneficios de los rayos ultravioletas B del sol. Estos son responsables de la producción de vitamina D, que es tan necesaria para fortalecer los huesos. Aunque los riesgos de exposición excesiva a la luz solar son bien conocidos, el equilibrio adecuado puede contribuir a la prevención de enfermedades, incluidas algunas afecciones de la piel y el cáncer. La moderación es la clave.

La iluminación natural mejora el confort de los espacios y contribuye al diseño biofílico. La biofilia tiene que ver con la conexión innata de los humanos con la naturaleza. Los estudios científicos demuestran que el tiempo que se pasa en contacto con los elementos naturales puede mejorar el bienestar, promover la creatividad, reducir el

estrés y mejorar la experiencia interior en general. La incorporación de elementos naturales como plantas, agua y luz solar en los espacios interiores parece facilitar la adaptación de las personas a los ambientes construidos, a la vez que contribuye a la creación de espacios interiores tranquilos y bellos. En ambientes densamente poblados, esto podría ser lo más cercano a experimentar una conexión con la naturaleza. Una ventana que deja entrar la luz natural en un espacio interior puede proporcionar la conexión con la naturaleza que la gente busca instintivamente. Por más simple que parezca esta idea, el acceso a la luz natural puede marcar una gran diferencia en el estado de ánimo de las personas, desencadenando reacciones sensoriales positivas.

Los seres humanos se sienten atraídos innatamente por la luz natural como elemento de la naturaleza. La iluminación natural es el motor de las respuestas cognitivas, emocionales y de comportamiento, que ayudan a hacer frente a nuestros entornos de construcción cada vez más cerrados y estériles en los que la mayoría de las personas pasan gran parte de su tiempo. Nuestra creciente dependencia de la tecnología ha conducido al debilitamiento de la conexión de los seres humanos con la naturaleza.

plants
distinct
intermediate
certain
nature
now
birds
either

2000ml

H
O
M
E

Good
morning

WOOD
HOME

home
garden

It's time
FOR
A CHANGE

2 1
April

Natural lighting as a sustainable design feature

With the increase of environmental awareness, daylighting plays a fundamental role in the design of interior spaces. As a free, renewable source, it contributes to energy efficiency and overall sustainability. Daylight can reduce energy consumption and provide environmental benefits when it's part of sustainable design strategies. The strategies used for brightening interior spaces with natural light are often paired with decisions aimed at balancing heat gain and loss and minimizing glare. It is not just about providing a space with natural light, but it's also about doing it without undesirable effects. Daylighting requires an integrated design approach involving decisions about the siting, climate, building form, architectural features, lighting control devices, and lighting design criteria.

In architecture and interior design, one of the most important factors among sustainability principles is the orientation of buildings and interior spaces in relationship with the sun and its daily path. Good window placement can take full advantage of daylighting benefits, which are aimed at maximizing visual appeal, comfort, and wellbeing. Windows, as a major building component allowing the passage of light, connect interior and exterior environments. They provide occupants with a visual connection to the natural world and give interior space

an open feel. Maximizing the glazing area to optimize daylighting may seem a fairly easy task, but in fact, some technological factors having to do with the thermal and optical performance of glass need to be taken into consideration to achieve efficient daylighting. High-performance glazing can be complemented with daylight-responsive control systems that offer a balance between the admission of daylight and thermal issues such as wintertime heat loss and summertime heat gain. Natural lighting can be controlled through a variety of devices such as louvers, awnings, shutters, blinds, and curtains. These lighting control devices are designed, on the one hand, to minimize heat gain, and on the other hand, to diffuse natural light, providing interior spaces with a comfortable atmosphere. The sensitive and aesthetic combination of the two systems offers infinite ways to exploit the benefits of daylight (as well as views) without the negative impacts.

Daylighting can reduce dependency on electricity, which is the most common energy source used for heating, cooling, and artificial lighting. This can lead to important energy savings, and, to a larger scale, can minimize environmental impact.

Technology advances have provided us with increasingly efficient and high-quality lamps such as LEDs, but will they ever match the quality and efficiency levels provided by daylighting?

Natural light is, for the time being, more pleasing, healthier, and psychologically beneficial than artificial lighting.

Natürliche Beleuchtung als nachhaltiges Gestaltungsmerkmal

Mit zunehmendem Umweltbewusstsein spielt das Tageslicht eine grundlegende Rolle bei der Gestaltung von Innenräumen. Als freie, erneuerbare Quelle trägt sie zur Energieeffizienz und zur allgemeinen Nachhaltigkeit bei. Tageslicht kann den Energieverbrauch reduzieren und Umweltvorteile bieten, wenn es Teil von nachhaltigen Designstrategien ist. Die Strategien zur Aufhellung von Innenräumen mit natürlichem Licht werden oft mit Entscheidungen gepaart, die darauf abzielen, Wärmegewinn und -verlust auszugleichen und Blendungen zu minimieren. Es geht nicht nur darum, einem Raum natürliches Licht zu geben, sondern auch darum, es ohne unerwünschte Effekte zu tun. Tageslicht erfordert einen integrierten Gestaltungsansatz, der Entscheidungen über Standort, Klima, Gebäudeform, architektonische Merkmale, Lichtsteuergeräte und lichttechnische Planungskriterien berücksichtigt.

In der Architektur und Innenarchitektur ist einer der wichtigsten Faktoren unter den Nachhaltigkeitsprinzipien die Ausrichtung von Gebäuden und Innenräumen in Bezug auf die Sonne und ihren täglichen Weg. Eine gute Fensterplatzierung kann die Vorteile des Tageslichts voll ausschöpfen, die darauf abzielen, die Sehkraft, den Komfort und

das Wohlbefinden zu maximieren. Fenster, als Hauptbauteile, die den Durchgang von Licht ermöglichen, verbinden Innen- und Außenbereich. Sie bieten den Bewohnern eine visuelle Verbindung zur Natur und geben dem Innenraum ein offenes Gefühl. Die Maximierung der Verglasungsfläche zur Optimierung der Tageslichtverhältnisse mag eine recht einfache Aufgabe erscheinen, aber in der Tat müssen einige technologische Faktoren, die mit der thermischen und optischen Leistung von Glas zu tun haben, berücksichtigt werden, um eine effiziente Tageslichtverteilung zu erreichen. Hochleistungs-Verglasungen können durch tageslichtabhängige Steuerungssysteme ergänzt werden, die eine Balance zwischen der Aufnahme von Tageslicht und thermischen Aspekten wie Wärmeverlust im Winter und Wärmegewinn im Sommer bieten. Die natürliche Beleuchtung kann durch eine Vielzahl von Geräten wie Jalousien, Markisen, Rollläden und Vorhängen gesteuert werden. Diese Lichtsteuergeräte sind zum einen darauf ausgelegt, die Wärmeentwicklung zu minimieren, zum anderen das natürliche Licht zu streuen und den Innenraum mit einer angenehmen Atmosphäre zu versehen. Eine sensible und ästhetische Kombination der beiden Systeme bietet unendliche Möglichkeiten, die Vorteile des Tageslichts (und der Aussicht) unter Vermeidung der negativen Auswirkungen zu nutzen.

Tageslicht kann die Abhängigkeit von Strom reduzieren, der die häufigste Energiequelle für Heizung, Kühlung und künstliche Beleuchtung ist. Dies kann zu erheblichen Energieeinsparungen und in größerem Umfang zu einer Minimierung der Umweltbelastung führen.

Der technologische Fortschritt hat uns immer effizientere und hochwertigere Lampen wie LEDs beschert, aber werden sie jemals die Qualität und den Wirkungsgrad der Tagesbeleuchtung erreichen? Natürliches Licht ist vorerst angenehmer, belebender und psychologisch vorteilhafter als künstliches Licht.

1829
HS74E
173AKN
BRITISH

L'éclairage naturel en tant qu'élément de conception durable

Avec l'intensification de la conscience écologique, l'éclairage naturel joue un rôle fondamental dans l'aménagement des espaces intérieurs. En tant que source d'énergie gratuite et renouvelable, elle contribue à l'efficacité énergétique et à la durabilité globale. La lumière du jour peut réduire la consommation en énergie et procurer des avantages environnementaux lorsqu'elle s'inscrit dans des stratégies de conception durable. Les stratégies utilisées pour éclairer les espaces intérieurs à l'aide de la lumière naturelle sont souvent associées à des décisions visant à équilibrer les gains et les pertes de chaleur et à minimiser l'éblouissement de ses occupants. Il ne s'agit pas seulement de fournir un espace de lumière naturelle, mais aussi de le faire sans effets indésirables. L'éclairage naturel exige une approche de la conception intégrée, comprenant des décisions sur l'emplacement, le climat, la forme du bâtiment, les caractéristiques architecturales, les dispositifs de contrôle de l'éclairage et les critères de conception de l'éclairage.

Dans l'architecture et l'aménagement intérieur, l'un des facteurs les plus importants au regard des principes de durabilité est l'orientation des bâtiments et des espaces intérieurs en fonction du soleil et de sa trajectoire quotidienne. Une bonne disposition des fenêtres peut faire

profiter pleinement les espaces des avantages de l'éclairage naturel, qui visent à maximiser l'attrait visuel, le confort et le bien-être. Les fenêtres, en tant qu'éléments structurels majeurs permettant le passage de la lumière, relient les environnements intérieur et extérieur. Ils offrent aux occupants une connexion visuelle avec le monde naturel et donnent à l'espace intérieur une sensation d'ouverture. Maximiser la surface vitrée pour optimiser l'éclairage naturel peut sembler être une tâche assez facile, mais en fait, certains facteurs technologiques liés à la performance thermique et optique du verre doivent être pris en compte pour obtenir un éclairage naturel efficace. Les vitrages haute performance peuvent être complétés par des systèmes de régulation de la lumière du jour, qui offrent un équilibre entre le recueil de la lumière et les questions thermiques tels que la perte de chaleur en hiver et le gain de chaleur en été. L'éclairage naturel peut être commandé par une diversité d'appareils tels que des persiennes, des stores, des volets, des stores et des rideaux. Ces dispositifs de contrôle de l'éclairage sont conçus, d'une part, pour minimiser les gains de chaleur, et d'autre part, pour diffuser la lumière naturelle, permettant aux espaces intérieurs d'arborer une atmosphère confortable. La combinaison sensible et esthétique des deux systèmes offre une infinité de possibilités pour exploiter les avantages de la lumière du jour (ainsi que les vues) sans impact négatif.

L'éclairage naturel peut réduire la dépendance à l'électricité, qui est la source d'énergie la plus couramment utilisée pour le chauffage, la climatisation et l'éclairage artificiel. Cela peut permettre de réaliser d'importantes économies d'énergie, et à plus grande échelle, de minimiser notre impact sur l'environnement.

Les progrès technologiques nous ont permis d'obtenir des lampes de plus en plus efficaces et de haute qualité, comme les LED, mais égaleront-elles un jour les niveaux de qualité et d'efficacité proposés par l'éclairage naturel ?

La lumière naturelle est, pour le moment, plus agréable, plus saine, et psychologiquement, plus bénéfique que l'éclairage artificiel.

La luz natural como elemento de diseño sostenible

Con el aumento de la conciencia medioambiental, la iluminación natural juega un papel fundamental en el diseño de los espacios interiores. Como fuente gratuita y renovable, contribuye a la eficiencia energética y a la sostenibilidad general. La luz natural puede reducir el consumo de energía y proporcionar beneficios ambientales cuando forma parte de las estrategias de diseño sostenible. Las estrategias utilizadas para iluminar los espacios interiores con luz natural se combinan a menudo con decisiones destinadas a equilibrar la ganancia y la pérdida de calor y a minimizar el deslumbramiento. No se trata solo de dotar a un espacio de luz natural, sino también de hacerlo sin efectos indeseables. La iluminación natural requiere un enfoque de diseño integrado que incluya decisiones sobre el emplazamiento, el clima, la forma del edificio, las características arquitectónicas, los dispositivos de control de la iluminación y los criterios de diseño de la iluminación.

En arquitectura e interiorismo, uno de los factores más importantes entre los principios de sostenibilidad es la orientación de los edificios y espacios interiores en relación con el sol y su trayectoria diaria. Una buena colocación de las ventanas puede aprovechar al máximo los beneficios de la luz natural, que están dirigidos a maximizar el atractivo visual, la comodidad y el bienestar. Las ventanas, como componente principal del edificio que permite el paso de la luz, conectan los ambientes interiores y exteriores. Proporcionan a los ocupantes una conexión visual con el mundo natural y dan al espacio interior una sensación de apertura. Maximizar el área de acristalamiento para optimizar la iluminación natural puede parecer una tarea bastante fácil, pero de hecho, algunos factores tecnológicos que tienen que ver con el rendimiento térmico y óptico del vidrio deben ser tomados en consideración para lograr una iluminación natural eficiente. Los acristalamientos de alto rendimiento se pueden complementar con sistemas de control que responden a la luz diurna y que ofrecen un equilibrio entre la admisión de la luz diurna y las cuestiones térmicas, como la pérdida de calor en invierno y la ganancia de calor en verano. La iluminación natural puede ser controlada a través de una variedad de dispositivos tales como persianas, toldos, persianas

venecianas, estores y cortinas. Estos dispositivos de control de iluminación están diseñados, por un lado, para minimizar la ganancia de calor y, por otro, para difundir la luz natural, proporcionando a los espacios interiores una atmósfera confortable. La combinación sensible y estética de los dos sistemas ofrece infinitas maneras de explotar los beneficios de la luz natural (así como las vistas) sin los impactos negativos.

La iluminación natural puede reducir la dependencia de la electricidad, que es la fuente de energía más común utilizada para la calefacción, la refrigeración y la iluminación artificial. Esto puede conducir a un importante ahorro de energía y, a mayor escala, puede minimizar el impacto ambiental.

Los avances tecnológicos nos han proporcionado lámparas cada vez más eficientes y de mayor calidad, como los LED, pero ¿podrán alcanzar los niveles de calidad y eficiencia que proporciona la luz natural?

La luz natural es, por el momento, más agradable, saludable y psicológicamente beneficiosa que la luz artificial.

Photo Credits

p.8 alexandre zveiger/Shutterstock; p.9 PlusONE/Shutterstock; p.10-11 Fusionstudio/Shutterstock; p.12 Victoria Grankina/Shutterstock; p.13 PlusONE/Shutterstock; p.14-15 PinkyWinky/Shutterstock; p.16 Dariusz Jarzabek/Shutterstock; p.17 yy_Apartment/Shutte-43rstock; p.18-19 PlusONE/Shutterstock; p.20-21 PlusONE/Shutterstock; p.22-23 stockfour/Shutterstock; p.24-25 Breadmaker/Shutterstock; p.26-27 ImageFlow/Shutterstock; p.28-29 LI CHAOSHU /Shutterstock; p.30-31 Anna Klepatckaya/Shutterstock; p.32-33 Breadmaker/Shutterstock; p.34 Photographee.eu/Shutterstock; p.35 alexandre zveiger/Shutterstock; p.36-37 Photographee.eu/Shutterstock; p.38-39 Breadmaker/Shutterstock; p.39-40 Photographee.eu/Shutterstock; p.42-43 stock_SK/Shutterstock; p.44-45 Sastolskiy Victor/Shutterstock; p.46-47 Photographee.eu/Shutterstock; p.48 alewxandre zveiger/Shutterstock; p.49 alexandre zveiger/Shutterstock; p.50-51 Breadmaker/Shutterstock; p.52-53 Dariusz Jarzabek/Shutterstock; p.54-55 David Papazian/Shutterstock; p.56-57 Photographee.eu/Shutterstock; p.58-59 Photographee.eu/Shutterstock; p.60 Dariusz Jarzabek/Shutterstock; p.61 Photographee.eu/Shutterstock; p.62-63 C Woods Photography/Shutterstock; p.64-65 2M media/Shutterstock; p.66-67 Dariusz Jarzabek/Shutterstock; p.68 Stock_SK/Shutterstock; p.69 Breadmaker/Shutterstock; p.70-71 Jodie Johnson/Shutterstock; p.72-73 Photographee.eu/Shutterstock; p.74-75 stock_SK/Shutterstock; p.76 Photographee.eu/Shutterstock; p.77 Photographee.eu/Shutterstock; p.78-79 Pics721/Shutterstock; p.80-81 New Africa/Shutterstock; p.82 pixdesigned/Shutterstock; p.83 Photographee.eu/Shutterstock; p.84-85 PinkyWinky/Shutterstock; p.86-87 Photographee.eu/Shutterstock; p.88 PinkyWinky/Shutterstock; p.89 PinkyWinky/Shutterstock; p.90-91 PinkyWinky/Shutterstock; p.92-3 onzon/Shutterstock; p.94-95 ImageFlow/Shutterstock; p.96-97 Photographee.eu/Shutterstock; p.98-99 PinkyWinky/Shutterstock; p.100 Photographee.eu/Shutterstock; p.101 Photographee.eu/Shutterstock; p.102-103 Followtheflow/Shutterstock; p.104-105 Photographee.eu/Shutterstock; p.106-107 Kalen Armstrong/Shutterstock; p.108-109 Katy Hill/Shutterstock; p.110-111 PlusONE/Shutterstock; p.112-113 Breadmaker/Shutterstock; p.114 Followtheflow/Shutterstock; p.115 Followtheflow/Shutterstock; p.116-117 Breadmaker/Shutterstock; p.118-119 Breadmaker/Shutterstock; p.120-121 Dariusz Jarzabek/Shutterstock; p.122-123 Dariusz Jarzabek/Shutterstock; p.124-125 Photographee.eu/Shutterstock; p.126-127 Followtheflow/Shutterstock; p.128-129 PinkyWinky/Shutterstock; p.130 Followtheflow/Shutterstock; p.131 Photographee.eu/Shutterstock; p.132-133 Photographee.eu/Shutterstock; p.134 JasminkaM/Shutterstock: p.135 Shannon West/Shutterstock; p.136 Photographee.eu/Shutterstock; p.137 PinkyWinky/Shutterstock (top); p.137 PinkyWinky/Shutterstock (bottom); p.138 Photographee.eu/Shutterstock; p.139 Photographee.eu/Shutterstock; p.140-141 Photographee.eu/Shutterstock; p.142 LightField Studios/Shutterstock; p.143 Breadmaker/Shutterstock; p.144 Room27/Shutterstock; p.145 Mariia Smeshkova/Shutterstock; p.146-147 fneun/Shutterstock; p.148 Aleksei Isachenko/Shutterstock; p.149 Photographee.eu/Shutterstock; p.150-151 Photographee.eu/Shutterstock; p.152 Photograpee.eu/Shutterstock; p.153 ImageFlow/Shutterstock; p.154 ariadna de raadt/Shutterstock; p.155 PlusONE/Shutterstock; p.156-157 Followtheflow/Shutterstock; p.158 Photographee.eu/Shutterstock; p.159 Photographee.eu/Shutterstock; p.160 Followtheflow/Shutterstock; p.161 Melinda Nagy/Shutterstock; p.162 solepsizm/Shutterstock; p.163 Gaf_Lila/Shutterstock; p.164 Photographee.eu/Shutterstock; p.165 Photographee.eu/Shutterstock; p.166-167 PinkyWinky/Shutterstock; p.168 PlusONE/Shutterstock (top); p.168 PlusONE/Shutterstock (bottom); p.169 Followtheflow/Shutterstock; p.170-171 alexandre zveiger/Shutterstock; p.172 PlusONE/Shutterstock; p.173 3DPhoto/Shutterstock; p.174 Jafara/Shutterstock; p.175 onemci/Shutterstock; p.176-177 Photographee.eu/Shutterstock; p.178 Pietruszka/Shutterstock; p.179 Pietruszka/Shutterstock; p.180-181 Followtheflow/Shutterstock; p.182 Pixel-Shot/Shutterstock; p.183 Photographee.eu/Shutterstock; p.184-185 Photographee.eu/Shutterstock; p.186-187 Photographee.eu/Shutterstock; p.188 Dariusz Jarzabek/Shutterstock; p.189 MorskayaM/Shutterstock; p.190-191 Photographee.eu/Shutterstock; p.192-193 Photographee.eu/Shutterstock; p.194 -195 Photographee.eu/Shutterstock; p.196-197 Photographee.eu/Shutterstock; p.198-199 David Prado Perucha/Shutterstock; p.200-201 Photographee.eu/Shutterstock; p.202-203 Followtheflow/Shutterstock; p.204-205 Photographee.eu/Shutterstock; p.206 Photographee.eu/Shutterstock; p.207 elRoce/Shutterstock; p.208 Photographee.eu/Shutterstock; p.209 Followtheflow/Shutterstock; p.210-211 PlusONE/Shutterstock; p.212-213 Photographee.eu/Shutterstock; p.214-215 PlusONE/Shutterstock; p.216-217 PlusONE/Shutterstock; p.218-219 PlusONE/Shutterstock; p.220 Photographee.eu/Shutterstock; p.221 Photographee.eu/Shutterstock; p.222-223 Africa Studio/Shutterstock; p.224-225 L Julia/Shutterstock; p.226 IsakBA/Shutterstock; p.227 Followtheflow/Shutterstock; p.228 Photographee.eu/Shutterstock; p.229 united photo studio/Shutterstock; p.230 Photographee.eu/Shutterstock; p.231 Photographee.eu/Shutterstock; p.232-233 Photographee.eu/Shutterstock; p.234-235 Antoha713/Shutterstock; p.236-237 Photographee.eu/Shutterstock; p.238-239 Photographee.eu/Shutterstock; p.240 Photographee.eu/Shutterstock; p.241 Photographee.eu/Shutterstock; p.242-243 Photographee.eu/Shutterstock; p.244-245 Photographee.eu/Shutterstock; p.246-247 PinkyWinky/Shutterstock; p.248 Photographee.eu/Shutterstock; p.249 Photographee.eu/Shutterstock; p.250 united photo studio/Shutterstock; p.251 Photographee.eu/Shutterstock (top); p.251 Photographee.eu/Shutterstock (bottom); p.252-253 PinkyWinky/Shutterstock; p.254-255 PlusONE/Shutterstock; p.256 Yuliya Yesina/Shutterstock; p.257 Followtheflow/Shutterstock (top); p.257 Photographee.eu/Shutterstock bottom); p.258 tartanparty/Shutterstock; p.259 Photographee.eu/Shutterstock; p.260 Photographee.eu/Shutterstock; p.261 NMC2S/Shutterstock; p. 262-263 Photographee.eu/Shutterstock; p.264-265 Pixel-Shot/Shutterstock; p.266-267 Photographee.eu/Shutterstock; p.268-269 Photographee.eu/Shutterstock; p.270-271 Photographee.eu/Shutterstock; p.272-273 ImageFlow/Shutterstock; p.274-275 New Africa/Shutterstock; p.276 Followtheflow/Shutterstock; p.277 Photographee.eu/Shutterstock; p.278 Photographee.eu/Shutterstock; p.279 Photographee.eu/Shutterstock; p.280-281 Photographee.eu/Shutterstock; p.282-283 Photographee.eu/Shutterstock; p.284 Photographee.eu/Shutterstock; p.285 Photographee.eu/Shutterstock; p.286 Followtheflow/Shutterstock; p.287 Shannon West/Shutterstock; p.288 Photographee.eu/Shutterstock (top); p.288 maradon 333/Shutterstock (bottom); p.289 Photographee.eu/Shutterstock (top); p.290 Aquarius Studio/Shutterstock (bottom); p.290-291 2M media/Shutterstock; p.292 bogdanhoda/Shutterstock; p.293 Snorkulencija/Shutterstock; p.294-295 JR-stock/Shutterstock; p.296-297 JR-stock/Shutterstock; p.298-299 JR-stock/Shutterstock; p.300 JR-stock/Shutterstock; p.301 alexandre zveiger/Shutterstock; p.302-303 Photographee.eu/Shutterstock; p.304 Angelo Giampiccolo/Shutterstock; p.305 Photographee.eu/Shutterstock; p.306-307 Antoha713/Shutterstock; p.308 PlusONE/Shutterstock; p.309 PlusONE/Shutterstock; p. 310-311 Photographee.eu/Shutterstock; p.312-313 Photographee.eu/Shutterstock; p.314-315 Photographee.eu/Shutterstock; p.316 Photographee.eu/Shutterstock; p.317 Photographee.eu/Shutterstock; p. 318 kiattisak Anoochitarom/Shutterstock; p.319 Followtheflow/Shutterstock; p.320 Photographee.eu/Shutterstock; p.321 Antoha713/Shutterstock; p.322 PlusONE/Shutterstock; p.323 PlusONE/Shutterstock; p.324-325 Dimasik_sh/Shutterstock; p.326-327 metamorworks/Shutterstock; p.328-329 alexandre zveiger/Shutterstock; p.330 stock_SK/Shutterstock; p.332-333 Breadmaker/Shutterstock; p.334 imging/Shutterstock

Bibliography

- Plummer, H. *The Architecture of Natural Light*. London: Thames and Hudson, 2012.
- Tanizaki, J. In *Praise of Shadows*, translated by T. J. Harper, E. G. Seidensticker. 2001.
- Collins, B. *The Psychological Aspects of Lighting: A Review of the Work* of CIE TC3.16. Gaithersburg, MD: National Institute of Standards and Technology, 1990.
- Roessler G. *The psychological function of windows for the visual communication between the interior of rooms with permanent supplementary artificial lighting and the exterior*. Lighting Research & Technology, 1980.
- Ne'eman E. *Visual aspects of sunlight in buildings*. Lighting Research and Technology 1974.
- Hobday R. *The Light Revolution, Health Architecture and the Sun*. Findhorn press, 2006.
- Phillips D. Daylighting: *Natural Light in Architecture*. Oxford : Architectural Press, 2004.
- Tregenza, P. and Wilson, M. *Daylighting: Architecture and Lighting Design*. London: Routledge. 2011.
- *Principles of healthy lighting: a role for daylight* http://www.nrccnrc.gc.ca/obj/irc/doc/pubs/nrcc46758/nrcc46758.pdf

S
A